AF267891

UNE SIMPLE LEÇON

DE

CATÉCHISME

TOUCHANT

LA VIE DE JÉSUS-CHRIST

PAR

MARIE-GUSTAVE LARNAC

ANCIEN DÉPUTÉ

Credo in Deum Patrem omnipotentem
Creatorem cœli et terræ, etc.

PARIS

JACQUES LECOFFRE, LIBRAIRE-ÉDITEUR

29, RUE DU VIEUX-COLOMBIER, 29

UNE SIMPLE LEÇON

DE

CATÉCHISME

PARIS. — IMP. SIMON RAÇON ET COMP., RUE D'ERFURTH, 1.

UNE SIMPLE LEÇON

DE

CATÉCHISME

TOUCHANT

LA VIE DE JÉSUS-CHRIST

PAR

MARIE-GUSTAVE LARNAC

ANCIEN DÉPUTÉ

Credo in Deum Patrem omnipotentem
Creatorem cœli et terræ, etc.

PARIS

JACQUES LECOFFRE, LIBRAIRE-ÉDITEUR

29, RUE DU VIEUX-COLOMBIER, 29

—

1865

AVERTISSEMENT DE L'AUTEUR

L'histoire de Jésus-Christ, par M. Renan, a déjà été complétement réfutée par la science théologique. Pour voir tout ce que cette œuvre plastique renferme de faux et de controuvé pour détruire la foi, il suffit des moindres notions du christianisme. C'est ce que j'ai tenté de démontrer. Puissé-je avoir réussi !

Cet essai rentre par sa forme dans le cadre du *Cosmos moral*, où j'ai déjà défendu d'autres vérités, bases indispensables de l'ordre social, et dont j'ai publié un premier volume en 1862. Je crois inutile de revenir sur l'emploi du rhythme, qui n'a d'autre but que d'aider la mémoire.

UNE SIMPLE LEÇON

DE

CATÉCHISME

I

LE SUJET

Je ne suis pas docteur, je ne suis pas artiste,
Et partant je ne suis savant ni fantaisiste ;
D'une part, je n'ai point grossi mes visions
Du formidable amas de mes citations ;
D'autre part, je n'ai point entrepris de détruire
Un livre fort bien fait, pour le mieux reconstruire ;

Pour montrer ma puissance à raisonner de tout,
Je ne l'ai point faussé; pour le mettre à mon goût,
Je ne l'ai point fardé de cette enluminure
Que le saint et le vrai rejettent pour parure ;
Je n'ai point, dans l'espoir d'égarer les esprits,
A ma barre appelé les plus doctes écrits,
Pour dicter la réponse à mon sens nécessaire
A qui ne répond rien ou répond le contraire !
Je viens défendre ici mon *Credo* tout entier
Contre l'erreur qui veut le remettre au métier !
Mon arme, c'est la foi. Vous trouverez peut-être
Cette arme un peu légère à combattre un grand maître.
N'importe, c'est assez. Dans la main d'un enfant,
Une fronde suffit pour abattre un géant,
Qui tombe avec fracas de sa haute stature,
Et, tombant, fait au loin retentir son armure.

Dans le surnaturel, nous dit-on, les auteurs
Ne peuvent pas s'étreindre ainsi que des lutteurs ;
L'un des deux dit : Je crois, quand l'autre dit : Je nie,
Et l'on peut s'en aller, car la lutte est finie.
Je suis d'un autre avis. Lorsque l'on a la foi,
Il peut être opportun de dire le *pourquoi*.
L'œuvre des confesseurs n'est point œuvre inutile;
Elle a sauvé le monde en sauvant l'Évangile.

II

L'ARGUMENT

Ainsi donc, cher lecteur, je me propose ici
De vous développer l'argument que voici :
En premier lieu, d'abord le tableau d'assemblage,
Puis l'ordre naturel, suivi de son passage
Dans le surnaturel, chapitre principal,
Qui se divise en deux. Le miracle anormal
Tient la première part et Jésus la seconde.
Là-dessus, priez Dieu, lecteur, qu'il me seconde.

III

LE

TABLEAU D'ASSEMBLAGE

Comprenant l'univers, deux ordres ici-bas
Renferment ce qu'on voit et ce qu'on ne voit pas :
Ces ordres parmi nous se mêlent, se confondent,
S'interrogent parfois et parfois se répondent.
Pour les bien reconnaître il faut les comparer,
Et, comme deux jumeaux, souvent les séparer.
L'un, c'est le naturel, doit être de notre âge ;
Fondé sur la nature, il est notre partage.

L'autre est, surnaturel, l'instrument d'un pouvoir
Juste, mais absolu, qui consiste à vouloir.
Le premier, plus savant, se fera mieux comprendre ;
Le second mieux sentir, parce qu'il est plus tendre.
Ensemble, l'un par l'autre, ils doivent s'expliquer,
Et Dieu par chacun d'eux peut se communiquer !

Jésus passa de l'un dans l'autre des systèmes :
Le Verbe se fit chair, portant les deux emblèmes ;
Il fut le fils de l'homme, et, notre frère à tous,
Sans cesser d'être Dieu, voulut mourir pour nous !
Donc le surnaturel entra dans ce grand drame,
Le péché commença, la mort finit la trame.
Tout récit est menteur, s'il ôte à la pitié
De l'histoire du Christ la première moitié !
Il nous faut accepter cette chaîne invisible,
Qui du monde moral mène au monde sensible.
Qui l'oserait nier referait le chaos :
Le monde du hasard est le monde des sots !

IV

L'ORDRE NATUREL

Entrons dans le sujet. Cherchant la certitude,
Par l'ordre naturel commençons notre étude.
Quoique le moins ancien, qu'il prenne ici le pas ;
Son frère expliquera ce qu'il n'explique pas.

La nature, son nom nous prouve qu'elle est *née*,
N'a pas toujours vécu. Sa splendeur couronnée

Et sa magnificence ont pris commencement
Quand l'ouvrier divin posa le firmament.
Dieu lui donna des lois, du temps et de l'espace,
Et dans cette œuvre immense il marqua notre place.

Atome par le corps, mais égal par l'esprit
A cette immensité, l'homme, qui la comprit,
De progrès en progrès conquit sur la matière
Un pouvoir merveilleux, la soumit presque entière,
Et de ses attributs fit l'ordre naturel
Dans lequel il se meut, sous l'œil de l'Éternel !

Cet ordre a des secrets, et ce n'est point sans peine
Qu'au fond de la serrure on fait mouvoir le pêne ;
Il faut avoir la clé, qui montre les rapports
Créés pour délier et relier les corps.
Instrument de progrès, c'est une clé savante,
A nous remplir d'orgueil et parfois d'épouvante !
Qui se perd, se retrouve, et, parmi les humains,
D'Archimède à Fulton passa de mains en mains.
Cette clé nous servit et doit servir encore ;
Le monde avec raison et l'estime et l'honore,
Mais l'ordre naturel est son unique lieu.

Quoique indirectement elle conduise à Dieu,
C'est bien raison, je crois, que, sans en faire usage,

Le maître, pour sortir, se réserve un passage.
Vainement on voudrait qu'il ôtât son chapeau,
Et pour rentrer chez lui soulevât le marteau,
Cette prétention n'est rien que moquerie.
Donc, messieurs les savants, rangez-vous, je vous prie ;
Arrière l'insolence, et figurez-vous bien
Que devant l'infini votre savoir n'est rien !

V

LA TRANSITION

Libre, mais contenu, quand l'homme, jeune maître,
Eut connu la nature, il voulut se connaître,
Savoir où remontait la source de ses jours
Et la suite promise à des destins si courts!
Donc, sur son origine, il consulta la terre;
Elle lui répondit : C'est moi qui suis ta mère,
C'est moi qui t'ai vu naître et te verrai mourir,
Après t'avoir donné mon sein pour te nourrir!

L'homme devant la terre avec reconnaissance
S'inclina; mais son cœur, par la vague espérance
Ou par le souvenir secrètement troublé,
Vers d'autres horizons se croyait appelé !
L'ordre surnaturel, comme une autre patrie,
Semblait se révéler à son âme attendrie.
Il sentait ce pouvoir profond, mystérieux,
Qui s'exerce sur nous, comme un aimant des cieux,
Qui charme nos esprits et, sur l'aile du rêve,
Pour les porter au ciel, doucement les soulève ;
En dépit de nos corps, de ce souffle privés,
Qui restent sur la terre où Dieu les a rivés.

C'est alors qu'il tourna vers les célestes voûtes
Ses regards occupés de résoudre ses doutes,
Ses regards qui des cieux atteignent la hauteur,
Et qu'à ce noble emploi destina leur auteur !

Répondant à ses vœux, dans un divin langage,
Le ciel l'instruisit moins et l'émut davantage,
Car vide en apparence, au fond de ses déserts,
Il possédait le Dieu de ce vaste univers !
Aussi quand, descendu de ces hauts tabernacles,
Les yeux chargés de pleurs, le front chargé d'oracles,
L'homme eut conquis la foi, l'espérance et l'amour,
Il trouva tout changé dans son humain séjour.

Devant le Créateur, plus humble, la nature
Avait repris le rang de simple créature,
Et l'ordre d'ici-bas, par l'homme deviné,
Devant l'ordre d'en haut s'était subordonné.
L'homme était dans le vrai. C'est la seule doctrine
Qui mette les mortels sur la trace divine.

VI

L'ORDRE SURNATUREL

C'est la transition, dès que Dieu fut prouvé,
L'ordre surnaturel aussitôt fut trouvé.
Même l'homme conçut l'espérance immortelle,
Se rapprochant de lui, de changer de tutelle,
Et le savoir humain fut porté jusque-là
Que du bien et du mal la fin se révéla !
L'un dut trouver au ciel le prix de sa victoire,
L'autre son châtiment dans la nuit la plus noire !

Mais la faible raison ne put aller plus loin,
Bien que la conscience en sentît le besoin ;
Elle dut s'arrêter devant les grands mystères,
Et son impatience inventa des chimères !
Tout inspira la crainte ou commanda l'amour,
Tout fut Dieu parmi nous, même l'homme eut son tour !
L'ordre surnaturel ne fut plus qu'un délire,
Au sang des animaux on apprit à le lire,
Et lorsque des combats durent être livrés,
On consulta le sort chez les poulets sacrés !
Sur ces égarements jetons un voile sombre ;
Par la nuit réclamés, qu'ils tombent dans son ombre !

Aux grandes vérités il fallait un lien,
Il fallait un garant et même un gardien.
La triste humanité se montrait impuissante,
Et tournait vers le ciel une voix suppliante.
Un seul coin de la terre, exempté de l'erreur,
Enfin donna le jour au grand révélateur !
Mais ce révélateur ne pouvait être un homme :
Il fut Dieu. C'est ainsi que l'univers le nomme.
Ensemble il réunit par la religion
Et la terre et le ciel, ce fut sa mission !

A partir de ce jour, tiré de son ornière,
L'ordre surnaturel revint à la lumière.

Jésus le prit en main et ne le quitta plus;
Il en fit, dès ce temps, le guide des élus.
Là, nous le retrouvons, là nous devons le prendre,
Ainsi que son patron nous allons le défendre;
Car tous deux attaqués, ils sont, de notre temps,
De nouveau mis en butte à des traits insultants.

Ce n'est plus aujourd'hui l'école d'Épicure
Qui revient à l'ancien culte de la nature,
Et qui dépouillant Dieu, pour lui donner congé,
En fait un fainéant de tout soin dégagé,
Bon, tout au plus, auprès de l'humaine pendule,
A regarder de loin l'aiguille qui circule!
Ce siècle, moins frivole, est né calculateur,
Et l'incrédule y prend un bonnet de docteur :
Ce docteur monte en chaire, il est sobre, il est sage,
Prend des airs attendris et tient un doux langage;
Son style, trop fleuri pour le raisonnement,
Cueille dans Nazareth la fleur du sentiment,
Et d'un Éden sacré nous trace, en Galilée,
La peinture suave avec art modelée :
Le beau front de Jésus y garde sa candeur;
Mais il faut avouer qu'il perd de sa grandeur.
Cette idylle a du charme, elle plaît, mais, en somme,
Le berger qu'on y voit n'est pas le Dieu fait homme.
De ce titre divin qu'il a jadis porté,
Jésus est dépouillé ! Bien qu'avec piété

Il l'admire au désert, il l'admire au cénacle,
Son grave historien lui défend le miracle :
Le miracle est un fou, très-peu digne de foi,
Qui de son propre aveu se pose hors la loi.
Jésus est jeune et beau, digne qu'on l'apprécie,
Homme par sa naissance et Dieu par courtoisie ;
C'est dommage vraiment, combattant le péché,
Qu'au miracle ses mains aient quelque peu touché ;
Mais il est pardonnable et *la fin sanctifie ;*
Tel est l'étrange aveu de la philosophie !

Donc il faut soutenir une thèse, aujourd'hui,
En faveur du miracle, ou perdre son appui.
Sans descendre par trop dans sa métaphysique,
C'est ici qu'il convient que notre foi s'explique
Et donne les raisons de ce grand mot : Je crois,
Qui remplit tout le monde et descend d'une croix !

VII

LE MIRACLE

Rien de ce qui paraît n'a de sens, sur la terre,
Qu'au moment où le ciel éclaircit le mystère.
Ce qui ne paraît pas explique le réel
Qui se mire et se peint dans le surnaturel !
Dans la réalité, toutes portes sont closes.
On n'y saurait trouver nulle raison des choses.
C'est donc nécessité qu'à l'esprit révélé,
L'ordre surnaturel nous prête aussi sa clé,

Non cette clé physique, instrument nécessaire
Pour montrer les trésors que la nature enserre ;
Mais une clé morale, à faire découvrir
Tous les desseins que Dieu confie à l'avenir,
A sonder le mystère, et franchir les limites
Qu'au monde naturel Dieu lui-même a prescrites,
Cette clé, sans laquelle, il manque un nom d'auteur
Au ciel comme à la terre, œuvres sans créateur.

Ainsi pour s'expliquer, admettant le prodige,
La nature souvent elle-même l'exige,
Dans ses obscurités, prompte à s'embarrasser,
De la cause à l'effet elle ne peut passer,
Sans que l'omnipotence à son secours n'arrive
Pour mettre en mouvement la force positive,
Vous doutez du miracle, eh bien ! doutez de tout,
Car chaque fait humain tient un miracle au bout,
Si vous vous arrêtez à l'incompréhensible,
Arrêtez-vous d'abord, il n'est rien de possible.
Il faut avoir la foi ; car toute vérité
Toujours par quelque endroit touche à l'obscurité !

Oui, je fais un miracle alors que je respire,
Quand j'ordonne à mes bras d'exercer leur empire,
Et quand j'écris ces vers que je pourrai signer
Parce que mon désir a pu les aligner !

Oui, le plus simple geste excède la mesure
De mon intelligence et sort de la nature !
Mon esprit se fatigue à chercher le lien.
Je sais que je le puis, comment ? je n'en sais rien.
Donc le surnaturel, passé dans la pratique,
Dans notre économie incessamment s'applique.
Il est, n'en doutons pas, l'aîné de la maison,
Et la gouverne autant et plus que la raison.
Sans lui rien ne se meut, sans lui rien ne s'éclaire,
Le monde tout entier est un monde à refaire !

C'est bien ce que l'on veut, disons-le franchement,
Dieu gêne nos docteurs, amis du changement.
Pour le livre du ciel ayant fait leur préface,
Ils voudraient, s'ils pouvaient, l'achever à sa place.
Vanité ! vanité ! dans le vide perdu,
Qui brave le néant y reste confondu.
On s'indigne devant cette folie étrange.

La vie est le travail de la forme qui change,
Jusqu'à ce qu'arrivée à la maturité,
Des séves par le temps le cours soit arrêté.
L'âme est faite autrement. Le corps vit. L'âme existe.
Innocente ou coupable, elle est joyeuse ou triste.
Elle échappe à la forme et n'a rien de mortel,
C'est là ce qui la fait d'ordre surnaturel.

Donc, notre corps s'agite et notre âme le mène
Vers ce Dieu qui de nous veut bien se mettre en peine,
Et comme notre esprit n'a jamais consulté,
Pour s'élever à Dieu, la loi de gravité,
De son côté vers nous l'Esprit-Saint peut descendre,
Et, malgré la physique, on peut fort bien s'entendre!
Niez-vous la prière et son droit de monter
A Dieu, sans que jamais rien la puisse arrêter?
Non. Vous vous abstenez d'un aussi grand blasphème,
Car nier la prière est nier Dieu lui-même!
Et cependant, ce droit, ne vous y trompez pas,
Peut nous faire octroyer le miracle ici-bas.

En effet, priant Dieu de nous venir en aide,
Souvent nous l'invoquons dans des maux sans remède.
Mais, des communes lois s'il ne peut s'écarter,
Comment le croyons-nous capable d'arrêter
L'invincible torrent des causes naturelles?
Notre espoir sera vain, s'il n'est pas plus fort qu'elles,
Ce que nous demandons, il doit le dénier!
Mais non, de ses décrets il n'est point prisonnier.
Miséricordieux, il ne peut être esclave,
Il n'est plus Dieu pour nous si le destin le brave,
Et notre conscience a décidé pour lui,
Qu'il est omnipotent, le prenant pour appui.

Donc, le miracle existe, il est dans la nature
A titre, si l'on veut, de haute dictature.
Ainsi que l'univers, il a Dieu pour auteur,
Même il sert de pratique au sublime inventeur.
Vous avouez, je crois, ce point incontestable.

Mais comment distinguer le vrai ? car, dans la fable,
C'est votre objection, il faut bien convenir
Qu'à jouer du miracle on a su parvenir.

D'accord. Ne croyez point, par besoin pour ma cause,
Qu'à tort comme à travers, ici, je vous l'impose.
J'estime peu l'esprit toujours émerveillé ;
L'ordre surnaturel doit être surveillé ;
Mais entendons-nous bien, dans cette théorie
Je repousse avec vous la fantasmagorie,
Dans un sujet si saint, j'écarte, avec respect,
Les travaux mensongers du spirite suspect ;
Et, cependant, malgré l'erreur qui la domine,
A quelque vérité conduit toute doctrine.
Le pouvoir d'un esprit, malfaiteur indompté,
Me semble par le mal ici-bas attesté.
Comme il est des poisons dans toute la nature,
Il peut être d'esprits une cohorte impure,
Reste d'anciens combats dont le juste avenir
Est chargé d'effacer l'odieux souvenir.

Nous ne connaissons pas tout le champ de la vie,
Qu'elle soit de bonheur ou de malheur suivie,
Nul doute; mais le ciel, sur des points moins précis,
Tient encor la science et nos sens indécis.
On l'abrége à son gré. Ne saurait-on l'étendre?
Les battements du cœur peuvent-ils se suspendre,
Et, sans braver la mort, ne point y succomber?
Je ne sais. Des élus ont pu s'y dérober.
A mi-chemin, pour eux, la clémence céleste,
En faveur de leur vie, a fait grâce du reste;
Car à la sainteté de tels honneurs sont dus,
Le miracle, peut-être, est le prix des vertus!

Plus un être est parfait, qui défend de le croire?
Plus de sa volonté la puissance est notoire,
Nous le sentons en nous, bien que prompts à faillir;
Ainsi de son cerveau, qui n'a senti jaillir
L'étincelle du vrai? mais qui, près de l'atteindre,
Ne voit souvent, hélas! l'étincelle s'éteindre?
On dirait que la foi manque à la volonté.
Peut-être quelque jour, l'obstacle surmonté,
Nous sommes très-portés à nous en croire dignes,
D'un grand progrès moral donnerons-nous des signes!

Chaque jour vers ce but le siècle fait un pas
Par ses inventions. Dieu n'y résiste pas.

Eh bien ! s'il lui plaisait de supprimer l'obstacle,
La nature entrerait en part dans le miracle !
A s'égaler à lui lorsque vous l'excitez,
Je m'étonne à bon droit, si vous vous révoltez
Contre ce grand pouvoir que Dieu possède, au titre
De Créateur, de père et de juge et d'arbitre,
Pouvoir qu'il peut céder, alors que de ce don
Peut-être il lui plaira vous faire l'abandon !

Toutefois, parmi nous, le monde, s'il est sage,
Comprendra qu'il commence un long apprentissage,
Et que par le Seigneur ces biens ne sont promis
Qu'à des cœurs humblement à ses ordres soumis !

JÉSUS

Je reviens à Jésus, en lui rien ne me blesse ;
Je crois à son pouvoir autant qu'à sa sagesse,
L'une n'a point de borne. Avec moi, sur ce point
D'accord, vous conviendrez que l'autre n'en a point,

Si vous ne poussez point l'ardeur de contredire
Jusqu'à de l'infini vouloir scinder l'empire !
Mais quoi ! vous oubliez qu'il n'est point de milieu :
Jésus est imposteur alors qu'il n'est pas Dieu !
Cependant, en faveur du mystique exorciste,
Vous plaidez : *le public qui, lui-même, l'assiste,*
Même *la bonne foi ;* car le savant docteur
Exprime ses regrets, timide accusateur,
Et, quand il a bien dit tout son fait au miracle,
A Jésus il fait grâce et le porte au pinacle.
Mais le bon sens murmure et ne peut avouer
Qu'on insulte Jésus et qu'on l'ose louer,
Pour le justifier, qu'on s'égare au dédale
De deux sincérités de mesure inégale,
Qu'on déclare ici-bas la fraude à double fin,
Criminelle au prétoire et juste au lieu divin !

Rougissez, rougissez de cette hypocrisie,
Qui nous fait un Jésus à votre fantaisie,
Qui l'accuse et l'absout, le traite d'imposteur
Et l'accepte aussitôt comme législateur !
Qui déguise son but, et qui, par cette feinte,
A la foi veut porter une mortelle atteinte,
Sans attaquer de front le nom cher et sacré
Du Sauveur, à genoux, sur la terre adoré,
Qui le laisse trôner, mais souille sa couronne !
Vous avez cependant du goût pour sa personne,

Vous l'aimez, dites-vous, votre amour s'est mépris,
Faisant de son objet un objet de mépris !

Plus sérieusement parlons de cette vie,
Qui racheta la nôtre aux démons asservie,
Qui, libres nous rendit, mais en prenant nos fers,
Et nous ouvrit le ciel, en fermant les enfers !
Dans Jésus du réel tout passe les limites,
Sa naissance et sa mort avaient été prédites,
Et sa vocation entière s'accomplit
Comme aux livres sacrés notre respect la lit.
Grande, noble, sévère, et cependant si tendre,
Que les cœurs ennemis même s'y laissent prendre.

Oui, Jésus, je le crois, ressuscite les morts.
Il marche sur la mer. Il nourrit, sur ses bords,
Un peuple tout entier que la faim sollicite,
De mets improvisés dont votre esprit s'irrite ;
Mais les faits naturels, les comprenez-vous mieux,
Quand, sans vous étonner, ils passent sous vos yeux ?

Le bloc de plomb descend et la bulle d'air monte.
La loi de gravité, dites-vous, en rend compte.
D'accord, gloire à Newton pour avoir inventé
Le miroir ingénu d'une réalité ;

Mais cet attrait qui met en jeu toute matière,
Avez-vous, sur ce point, reçu quelque lumière ?
Votre incrédulité repousse les témoins
Des faits miraculeux, cet attrait l'est-il moins ?

Donc, je crois au miracle, et j'aime mieux y croire,
Contre vous et sans vous, même je m'en fais gloire,
Que de croire aux deux sens de la sincérité ;
Car l'un des deux au moins manque de vérité !

Jésus agit en Dieu, car c'est Dieu qui l'envoie.
Dieu lui-même, il remet le monde dans sa voie ;
Il lui donne beaucoup, mais sans lui prendre rien :
C'est au ciel seulement qu'est la source du bien.
Il en vient, y retourne, et, de cette patrie,
Il nous donne les clés, avancement d'hoirie !

Jésus dut renverser l'édifice d'orgueil,
Qui, s'élevant au ciel, en obstruait le seuil,
Et ne semblait construit que pour fermer l'entrée
Aux vains gémissements de la foule éplorée.
Pour la première fois le peuple fut nommé ;
Pour la première fois le pauvre fut aimé ;
Pour la première fois, la grandeur, la puissance
Ne marchèrent qu'après la timide innocence !

Les rangs furent changés, et dans le paradis
Les petits furent grands, les grands furent petits !
Pour la première fois, sous sa charge opulente,
La richesse comprit que sa marche était lente,
Et que ne pouvant pas faire entrer ses trésors
Dans le ciel, avec eux, elle restait dehors ;
Elle les partagea, donnant la préférence
A ce prix que Jésus promet à l'indigence,
Pour la récompenser de son humilité,
Le monde avec ardeur s'éprit de charité,
Et l'amour du prochain remplit le vide extrême
Qu'avait fait dans les cœurs le mépris de soi-même !

C'est ainsi que Jésus fit les premiers chrétiens !
Le ciel était le but de tous ses entretiens,
Son langage jamais n'employa l'artifice ;
Doux pour le repentir, il fut sévère au vice,
Aux faibles secourable, aux enfants gracieux ;
En marchant sur la terre, il semait pour les cieux.
Quiconque ramassa le grain de sa parole,
En relevant son front le vit ceint d'auréole !
Quiconque le toucha se sentit délivré
Des levains corrompus qui l'avaient enivré.
La grâce le conquit, la grâce, pur dictame,
Qui fait tomber le fer des blessures de l'âme !
Et la foi dans son cœur ramenant la vertu,
Refit une innocence à ce cœur abattu !

Ainsi le monde entra dans une ère nouvelle,
Et le plus grand miracle est la bonne nouvelle !
Jésus n'en fit jamais que dans le seul dessein
De rendre l'homme à Dieu qui lui rouvrait son sein,
Jamais pour amuser d'un vulgaire profane
La curiosité que la raison condamne,
Il ne nous étonna que pour nous avertir,
Et son unique but fut de nous convertir.

C'est ainsi que poussé par la faveur publique,
Il s'abstint d'attaquer la forme politique ;
Lui-même l'excepta, ne voulant réformer
Que pour nous enseigner ce qu'il nous faut aimer,
Et n'ayant à fonder, pour une paix profonde,
Qu'un royaume divin qui n'est pas de ce monde !

Bien qu'assuré partout de son pouvoir vainqueur,
Jamais il ne sortit du domaine du cœur !
Mais là, souverain maître, il arrange, il dispose,
Il se fait obéir, expliquant toute chose :
N'en faites point un homme, il faudrait, en ce lieu,
Avouer forcément que cet homme est un Dieu !

Cessez donc d'opposer, misérables entraves,
A ce Dieu la matière, et les forces esclaves

De la nécessité qui porte dans ses mains
Des coins, du plomb, du fer, pour l'effroi des humains !
Jésus a rencontré de bien plus grands obstacles,
Jésus a triomphé. Vous niez ses miracles,
Eh bien ! souvenez-vous qu'il nous a tous sauvés,
Par ce miracle seul les autres sont prouvés !
Souvenez-vous surtout qu'égaré par un traître,
L'univers a laissé crucifier son maître,
Et qu'aujourd'hui Jésus, le voyant à ses pieds,
Ouvre pour le bénir ses bras crucifiés !

Courbevoie, le 15 septembre 1863.

PARIS. — IMP. SIMON RAÇON ET COMP., RUE D'ERFURTH, 1.